# The Garden of Melodies and Other Stories: Bilingual French-English Short Stories for French Language Learners

Coledown Bilingual Books

Published by Coledown Bilingual Books, 2023.

While every precaution has been taken in the preparation of this book, the publisher assumes no responsibility for errors or omissions, or for damages resulting from the use of the information contained herein.

THE GARDEN OF MELODIES AND OTHER STORIES: BILINGUAL FRENCH-ENGLISH SHORT STORIES FOR FRENCH LANGUAGE LEARNERS

**First edition. September 16, 2023.**

Copyright © 2023 Coledown Bilingual Books.

ISBN: 979-8223456278

Written by Coledown Bilingual Books.

# Table of Contents

# L'Été des Souvenirs

Dans un petit village côtier de la Normandie, l'été avait toujours eu un charme particulier. Les rues pavées menaient à la plage, où les vagues douces venaient caresser le sable doré. Au numéro 12 de la rue des Coquelicots, vitait une femme nommée Madeleine. Elle avait passé toute sa vie dans ce village, et chaque été, elle se remémorait les moments spéciaux de sa jeunesse.

Madeleine avait été une jeune fille pleine de rêves et d'espoirs. L'été de ses dix-huit ans avait été le plus mémorable de tous. C'était l'été où elle avait rencontré Jacques, un marin au sourire ravageur. Il était venu au village pour les vacances, et leur histoire avait commencé sous le ciel étoilé de juillet. Les nuits passées à marcher main dans la main sur la plage semblaient éternelles, et leur amour grandissait avec chaque lever de soleil.

Mais comme toutes les histoires d'amour estivales, celle de Madeleine et Jacques avait pris fin à la fin de la saison. Jacques était reparti en mer, promettant de revenir un jour. Madeleine avait attendu pendant des années, mais Jacques n'était jamais revenu. Elle avait pleuré son départ, mais elle avait aussi décidé de continuer sa vie.

Les années avaient passé, et Madeleine était devenue une femme forte et indépendante. Elle avait ouvert une petite librairie dans le village, où elle passait ses journées à conseiller les habitants sur leurs lectures préférées. Elle avait développé une passion pour la littérature et les livres étaient devenus ses plus fidèles compagnons.

Un jour, alors qu'elle classait des vieux livres dans la boutique, Madeleine entendit une voix familière derrière elle. C'était Jacques, son amour d'été, qui était finalement revenu au village après toutes ces années en mer. Leurs yeux se rencontrèrent, et le temps sembla s'arrêter. Les années s'étaient écoulées, mais l'amour qu'ils avaient ressenti l'un pour l'autre était toujours aussi fort.

Ils passèrent l'été ensemble comme s'ils ne s'étaient jamais quittés. Ils marchaient à nouveau main dans la main sur la plage, partageaient des histoires et des rires, et se promettaient de ne plus jamais se séparer. Les souvenirs de cet été magique se mêlaient aux nouveaux moments heureux qu'ils créaient ensemble.

L'été suivant, Jacques avait décidé de rester au village. Il avait trouvé un travail dans la construction navale locale et avait emménagé dans la petite maison en bord de mer avec Madeleine. Leur amour continuait de grandir, et ils étaient plus heureux que jamais.

Les années passèrent, et le village côtier de la Normandie continuait de vivre au rythme des saisons. Madeleine et Jacques avaient vieilli, mais leur amour était resté intemporel. Ils passaient leurs journées à regarder les vagues de l'océan, main dans la main, se remémorant les souvenirs de cet été magique qui les avait réunis.

L'été avait toujours un charme particulier dans ce petit village côtier de la Normandie. C'était l'été des souvenirs, l'été où Madeleine avait trouvé l'amour de sa vie, l'été qui avait rendu son existence si belle et significative. Et chaque année, alors que les coquelicots fleurissaient dans les rues pavées du village, Madeleine se souvenait de cet été avec un sourire radieux.

Le temps avait prouvé que l'amour vrai pouvait durer éternellement, même à travers les années et les saisons. C'était l'histoire de Madeleine et Jacques, une histoire d'amour qui avait commencé un été, mais qui avait continué à briller, année après année, à travers le temps. Et dans ce petit village côtier de la Normandie, leur amour était devenu une légende, une histoire que l'on racontait aux générations futures pour leur rappeler que l'amour pouvait surmonter tous les obstacles et durer pour toujours.

# The Summer of Memories

In a small coastal village in Normandy, summer always held a particular charm. The cobbled streets led to the beach, where gentle waves lapped against the golden sand. At number 12 Rue des Coquelicots lived a woman named Madeleine. She had spent her entire life in this village, and each summer, she reminisced about the special moments of her youth.

Madeleine had been a young girl full of dreams and hopes. The summer of her eighteenth year had been the most memorable of all. It was the summer she had met Jacques, a sailor with a captivating smile. He had come to the village for vacation, and their story had begun beneath the starry July sky. The nights spent walking hand in hand on the beach seemed endless, and their love grew with each sunrise.

But like all summer love stories, Madeleine and Jacques' had come to an end at the close of the season. Jacques had returned to the sea, promising to come back one day. Madeleine had waited for years, but Jacques never returned. She had wept at his departure, but she had also decided to carry on with her life.

Years had passed, and Madeleine had become a strong and independent woman. She had opened a small bookstore in the village, where she spent her days recommending favorite reads to the townsfolk. She had developed a passion for literature, and books had become her most faithful companions.

One day, as she was sorting through old books in the shop, Madeleine heard a familiar voice behind her. It was Jacques, her summer love, who had finally returned to the village after all those years at sea. Their eyes met, and time seemed to stand still. Years had passed, but the love they had felt for each other remained just as strong.

They spent the summer together as if they had never been apart. They walked hand in hand on the beach again, shared stories and laughter, and promised never to part again. The memories of that magical summer intertwined with the new happy moments they were creating together.

The following summer, Jacques decided to stay in the village. He found a job in the local shipyard and moved into the small seaside house with Madeleine. Their love continued to grow, and they were happier than ever.

Years went by, and the coastal village in Normandy continued to live in tune with the seasons. Madeleine and Jacques had aged, but their love remained timeless. They spent their days watching the ocean waves, hand in hand, reminiscing about the memories of that summer that had brought them together.

Summer always held a particular charm in that small coastal village in Normandy. It was the summer of memories, the summer when Madeleine had found the love of her life, the summer that had made her life so beautiful and meaningful. And every year, as the poppies bloomed in the cobbled streets of the village, Madeleine remembered that summer with a radiant smile.

Time had proven that true love could last forever, even through the years and seasons. This was the story of Madeleine and Jacques, a love story that had begun one summer but continued to shine, year after year, through time. And in that small coastal village in Normandy, their love had become a legend, a tale passed down to future generations to remind them that love could overcome all obstacles and endure forever.

# Le Secret du Vieil Arbre

Au cœur d'une forêt dense, caché parmi les arbres majestueux, se trouvait un vieil arbre centenaire. Ses racines enchevêtrées racontaient l'histoire d'une époque révolue, et ses feuilles murmuraient des secrets anciens au vent.

Ce vieil arbre avait un gardien, un homme nommé Pierre. Depuis sa plus tendre enfance, Pierre avait été intrigué par l'arbre mystérieux. Son grand-père lui avait raconté que l'arbre cachait un secret précieux, mais il n'en avait jamais découvert la nature.

Chaque jour, Pierre venait s'asseoir au pied de l'arbre. Il parlait doucement à l'arbre, partageant ses rêves, ses espoirs et ses préoccupations. Il avait le sentiment que l'arbre l'écoutait attentivement, bien qu'il ne comprenne pas ses paroles.

Un été, alors que la forêt était baignée de lumière, Pierre fit une découverte extraordinaire. Alors qu'il s'asseyait près de l'arbre comme à son habitude, il remarqua une petite cavité dans le tronc de l'arbre, dissimulée sous une épaisse mousse. Intrigué, il approcha sa main et découvrit un petit livre ancien, recouvert de poussière et de toiles d'araignée.

Le cœur battant, Pierre prit le livre et commença à le feuilleter. Il s'agissait d'un journal écrit il y avait de nombreuses décennies par un gardien précédent de l'arbre. Le journal racontait des histoires fascinantes de la forêt, de ses mystères et de ses créatures magiques.

Mais ce qui captiva le plus Pierre, c'était la révélation d'un secret bien gardé. L'arbre ancien était en réalité le gardien d'un passage vers un autre monde, un monde enchanté où les rêves devenaient réalité et où les désirs les plus profonds prenaient forme. Pourtant, ce monde était inaccessible à moins que quelqu'un ne découvre le véritable nom de l'arbre, un nom que seul l'arbre lui-même pouvait révéler.

Déterminé à percer ce mystère, Pierre continua de parler à l'arbre chaque jour. Il partagea avec lui les récits du journal, espérant que l'arbre lui confierait son nom secret. Les saisons passèrent, et Pierre devint de plus en plus proche de l'arbre.

Un jour d'automne, alors que les feuilles dorées tombaient lentement, Pierre s'adressa à l'arbre une fois de plus. Cette fois, il dit d'une voix douce, "Vieil arbre, je t'ai écouté et partagé mes histoires. Maintenant, s'il te plaît, dévoile-moi ton nom, et permets-moi l'accès au monde enchanté que tu gardes."

Un vent doux souffla à travers les feuilles de l'arbre, et une voix semblable à un chuchotement murmura le nom secret. Pierre leva les yeux vers l'arbre, les yeux remplis d'émerveillement, et répéta le nom à voix haute.

L'arbre se mit à briller d'une lumière dorée, et une ouverture apparut à sa base. Pierre franchit le seuil avec précaution et entra dans le monde enchanté, où tous ses rêves et ses désirs devinrent réalité.

Mais il comprit également que le vrai trésor n'était pas tant les souhaits exaucés que le lien spécial qu'il avait tissé avec le vieil arbre. Il était devenu le gardien du secret, et il promit de veiller sur l'arbre et de préserver son mystère pour les générations futures.

Ainsi se perpétua la légende du vieil arbre de la forêt, un gardien de secrets et un porteur de rêves, transmettant son héritage à ceux qui savaient écouter et comprendre la magie de la nature.

# The Secret of the Old Tree

Deep within a dense forest, hidden among majestic trees, stood an ancient tree, over a hundred years old. Its tangled roots told the tale of a bygone era, and its leaves whispered ancient secrets to the wind.

This old tree had a guardian, a man named Pierre. Since his earliest childhood, Pierre had been intrigued by the mysterious tree. His grandfather had told him that the tree held a precious secret, but he had never discovered its nature.

Every day, Pierre would come and sit at the base of the tree. He would speak softly to the tree, sharing his dreams, hopes, and worries. He felt as though the tree listened attentively, even though it couldn't understand his words.

One summer, when the forest was bathed in light, Pierre made an extraordinary discovery. As he sat by the tree, as he usually did, he noticed a small cavity in the trunk, hidden beneath thick moss. Intrigued, he reached out and found a small, ancient book covered in dust and spiderwebs.

With a pounding heart, Pierre picked up the book and began to flip through its pages. It was a journal written many decades ago by a previous guardian of the tree. The journal told fascinating stories of the forest, its mysteries, and its magical creatures.

But what captivated Pierre the most was the revelation of a well-kept secret. The ancient tree was, in fact, the guardian of a passage to another world, an enchanted realm where dreams came true and deepest desires took form. Yet, this world was inaccessible unless someone discovered the true name of the tree, a name that only the tree itself could reveal.

Determined to unravel this mystery, Pierre continued to converse with the tree every day. He shared with it the tales from the journal, hoping that the tree would entrust him with its secret name. Seasons passed, and Pierre grew ever closer to the tree.

One autumn day, as golden leaves gently fell, Pierre addressed the tree once more. This time, he spoke softly, "Old tree, I have listened to you and shared my stories. Now, please reveal your name to me and grant me access to the enchanted world you guard."

A gentle breeze rustled through the tree's leaves, and a whispering voice revealed the secret name. Pierre looked up at the tree, wonder in his eyes, and repeated the name aloud.

The tree began to glow with a golden light, and an opening appeared at its base. Pierre stepped through the threshold cautiously and entered the enchanted world, where all his dreams and desires came true.

But he also understood that the true treasure lay not in the granted wishes, but in the special bond he had forged with the old tree. He became the guardian of the secret, pledging to watch over the tree and preserve its mystery for generations to come.

Thus, the legend of the old forest tree persisted, a guardian of secrets and a bearer of dreams, passing down its legacy to those who knew how to listen and understand the magic of nature.

15

# Le Petit Artisan

Il était une fois, dans un petit village au cœur de la Provence, un garçon nommé Luc. Luc était un rêveur, un petit artisan avec une passion pour la poterie. Depuis son plus jeune âge, il passait des heures à modeler l'argile pour créer des œuvres d'art uniques.

Le village de Luc était célèbre pour son marché hebdomadaire, où les artisans locaux présentaient leurs créations. C'était l'occasion pour Luc de partager sa passion avec le monde. Chaque semaine, il installait son étal sur la place du marché, exposant ses pots, ses vases et ses sculptures, tous façonnés avec amour et dévouement.

Pourtant, malgré son talent, les gens du village ne semblaient pas prêter beaucoup d'attention à ses créations. Les visiteurs préféraient souvent les œuvres d'art plus élaborées d'autres artisans. Luc, pour sa part, restait fidèle à sa vision et à son style unique.

Un jour, alors que Luc travaillait dans son atelier, il remarqua une vieille femme qui regardait sa poterie à travers la fenêtre. Elle avait des cheveux argentés et un visage marqué par les années. Intrigué, Luc sortit pour lui parler.

La vieille femme s'appelait Marguerite, une artiste autrefois renommée dans le monde entier. Elle avait vu quelque chose de spécial dans le travail de Luc, une pureté et une sincérité qu'elle n'avait pas ressenties depuis longtemps.

Marguerite proposa à Luc de devenir son mentor, de l'aider à perfectionner son art et à trouver sa voix. Luc accepta avec gratitude, et leur collaboration commença.

Sous la tutelle de Marguerite, Luc découvrit de nouvelles techniques et de nouvelles perspectives sur la poterie. Il commença à expérimenter avec de nouvelles formes et couleurs, tout en restant fidèle à son style authentique.

Le temps passa, et Luc présenta sa nouvelle collection au marché du village. Cette fois-ci, ses créations attirèrent l'attention de tous. Les pots et les vases qu'il avait façonnés avec l'enseignement de Marguerite étaient d'une beauté exceptionnelle.

Le village était émerveillé par la transformation de Luc en un artiste accompli. Ses œuvres se vendaient comme des petits pains, et les collectionneurs du monde entier venaient à sa rencontre.

Pourtant, malgré son succès, Luc restait humble et reconnaissant envers Marguerite. Il savait qu'elle avait été la clé de sa réussite et qu'elle avait réveillé son potentiel artistique.

Des années passèrent, et Luc devint un maître potier respecté. Mais son plus grand trésor demeurait la précieuse amitié avec Marguerite, qui avait changé sa vie pour toujours.

Le village de Provence avait vu naître une étoile montante dans le monde de la poterie, mais il se souviendrait toujours du petit artisan passionné qui avait suivi son rêve et avait trouvé son chemin grâce à l'amitié et à l'art.

# The Little Artisan

Once upon a time, in a small village in the heart of Provence, there was a boy named Luc. Luc was a dreamer, a young artisan with a passion for pottery. From a very young age, he spent hours molding clay to create unique works of art.

Luc's village was famous for its weekly market, where local artisans showcased their creations. It was an opportunity for Luc to share his passion with the world. Every week, he set up his stall in the market square, displaying his pots, vases, and sculptures, all crafted with love and dedication.

However, despite his talent, the villagers didn't seem to pay much attention to his creations. Visitors often preferred the more elaborate artwork of other artisans. Luc, on the other hand, remained true to his vision and unique style.

One day, as Luc worked in his workshop, he noticed an elderly woman gazing at his pottery through the window. She had silver hair and a face marked by the years. Intrigued, Luc went outside to speak to her.

The elderly woman's name was Marguerite, once a renowned artist worldwide. She had seen something special in Luc's work, a purity and sincerity she hadn't felt in a long time.

Marguerite offered to become Luc's mentor, to help him refine his art and find his voice. Luc accepted with gratitude, and their collaboration began.

Under Marguerite's guidance, Luc discovered new techniques and perspectives on pottery. He began experimenting with new shapes and colors while remaining true to his authentic style.

Time passed, and Luc presented his new collection at the village market. This time, his creations captured everyone's attention. The pots and vases he had crafted with Marguerite's guidance were exceptionally beautiful.

The village was in awe of Luc's transformation into a accomplished artist. His works sold like hotcakes, and collectors from around the world came to meet him.

Yet, despite his success, Luc remained humble and grateful to Marguerite. He knew she had been the key to his success and had unlocked his artistic potential.

Years went by, and Luc became a respected master potter. But his greatest treasure remained the precious friendship with Marguerite, which had changed his life forever.

The village of Provence had witnessed the rise of a budding star in the world of pottery, but it would always remember the passionate young artisan who followed his dream and found his way through friendship and art.

# Le Voyage du Temps

Il était une fois, dans un petit village niché au cœur des montagnes françaises, un horloger du nom d'Étienne. Sa petite boutique, perchée sur la rue pavée, était une merveille pour tous ceux qui la découvraient. Étienne était un homme sage, les cheveux argentés et les yeux pétillants d'intelligence. Mais ce qui le distinguait parmi tous les horlogers du pays, c'était sa capacité à créer des horloges extraordinaires qui semblaient défier le temps lui-même.

Chaque horloge d'Étienne racontait une histoire. Les cadrans en émail étaient ornés de détails minutieux, représentant des scènes de la vie quotidienne, des paysages enchanteurs, et même des constellations étincelantes. Ses horloges étaient recherchées par des collectionneurs du monde entier, et sa réputation s'étendait bien au-delà des montagnes.

Pourtant, Étienne avait un secret profondément enfoui. Il possédait une horloge unique, une horloge que lui seul avait le pouvoir de faire fonctionner. Elle n'était pas comme les autres horloges qu'il créait pour ses clients. Elle était spéciale, magique même, car elle lui permettait de voyager dans le temps.

L'horloge était cachée dans un recoin secret de son atelier, derrière une porte dérobée dissimulée sous une grande tapisserie. Chaque nuit, lorsque la lune brillait dans le ciel, Étienne actionnait les aiguilles de l'horloge pour choisir une époque à visiter. Il s'évadait de la réalité pour vivre des moments du passé ou du futur.

Un soir d'été, Étienne décida de faire un voyage dans le passé, à une époque où il était encore un jeune homme. Il tourna les aiguilles de l'horloge pour remonter le temps de trente ans, jusqu'à l'été de ses vingt ans.

Quand il ouvrit les yeux, il était dans un village qui lui était familier, mais qui semblait étranger après toutes ces années. Les rues étaient animées, les maisons avaient un aspect différent, et il pouvait sentir la jeunesse et l'excitation dans l'air.

Étienne se rendit dans la taverne du village, où il avait passé de nombreuses nuits à rire et à rêver de l'avenir avec ses amis d'enfance. Il les trouva tous là, comme s'ils n'avaient pas vieilli d'un jour. Les rires et les sourires étaient contagieux, et Étienne se sentit à nouveau jeune et insouciant.

Il passa les semaines suivantes à revivre ses souvenirs de jeunesse, à explorer les montagnes, à faire des randonnées et à s'imprégner de l'énergie de cette époque révolue. C'était comme si il avait retrouvé une partie de lui-même qu'il avait perdue en grandissant.

Mais le temps ne pouvait pas être arrêté, même avec une horloge magique. L'horloge commença à émettre un son mélodieux, indiquant que le voyage touchait à sa fin. Étienne savait qu'il devait retourner à son époque actuelle, avec tous les souvenirs de sa jeunesse fraîchement gravés dans son esprit.

Le voyage de retour fut à la fois doux et mélancolique. Étienne retrouva son atelier, son visage vieilli se reflétant dans le miroir. Il savait que la magie de l'horloge lui avait offert une occasion unique de revisiter son passé, mais il comprenait maintenant que le temps ne pouvait pas être altéré, seulement vécu.

Au fil des années, Étienne continua d'utiliser son horloge magique pour explorer différentes époques et endroits. Il vécut des aventures incroyables, rencontra des personnages historiques et découvrit des cultures oubliées. Chaque voyage enrichissait son âme et lui apportait une compréhension plus profonde du monde et de lui-même.

Un jour, alors qu'il visitait le futur, Étienne fit une découverte surprenante. Il se retrouva dans une époque lointaine, où les horloges avaient perdu leur importance. Les gens ne mesuraient plus le temps de la même manière, et les horloges étaient reléguées aux musées et aux collections de curiosités.

Étienne réalisa que son propre métier était menacé d'extinction. Les horloges qu'il avait créées avec tant de passion et de dévouement étaient devenues des vestiges du passé. C'était un futur qu'il n'avait pas prévu, et cela le bouleversa profondément.

Il décida alors de retourner dans son époque actuelle, avec une nouvelle mission en tête. Il utiliserait son talent pour rappeler aux gens la beauté et la valeur du temps qui s'écoule inexorablement. Il créerait des horloges encore plus magnifiques, des horloges qui raconteraient des histoires, qui évoqueraient des émotions et qui inciteraient les gens à apprécier chaque instant.

Étienne passa le reste de sa vie à concevoir des horloges uniques, chacune avec son propre récit à raconter. Ses créations devinrent des œuvres d'art prisées par les collectionneurs du monde entier. Il avait trouvé une manière de capturer la magie du temps dans ses horloges, une manière de donner aux gens la possibilité de voyager dans le temps à travers leurs souvenirs et leurs rêves.

À la fin de sa vie, Étienne savait qu'il avait laissé un héritage précieux derrière lui. Ses horloges magiques, désormais exposées dans les plus grands musées du monde, continuaient de fasciner et d'inspirer les générations futures. Elles rappelaient aux gens que le temps était un trésor précieux à chérir, à savourer, et à partager avec ceux que l'on aime.

L'histoire d'Étienne, l'horloger du temps, devint une légende dans son village et bien au-delà. Elle rappelait à tous que le temps était une ressource précieuse qui ne pouvait pas être arrêtée, mais qui pouvait être appréciée et célébrée à travers les horloges magiques qui racontaient les histoires de nos vies.

# The Journey of Time

Once upon a time, in a small village nestled in the heart of the French mountains, there was a clockmaker named Étienne. His small shop, perched on the cobbled street, was a marvel to all who discovered it. Étienne was a wise man, his hair silvered, and his eyes sparkling with intelligence. But what set him apart from all the clockmakers in the country was his ability to create extraordinary clocks that seemed to defy time itself.

Each of Étienne's clocks told a story. The enamel dials were adorned with intricate details, depicting scenes from everyday life, enchanting landscapes, and even sparkling constellations. His clocks were sought after by collectors from around the world, and his reputation extended far beyond the mountains.

However, Étienne had a deeply buried secret. He possessed a unique clock, a clock that only he had the power to make work. It was not like the other clocks he created for his clients. It was special, even magical, as it allowed him to travel through time.

The clock was hidden in a secret corner of his workshop, behind a hidden door concealed beneath a large tapestry. Every night, when the moon shone in the sky, Étienne would set the clock's hands to choose an era to visit. He would escape from reality to experience moments from the past or future.

One summer evening, Étienne decided to embark on a journey to the past, to a time when he was still a young man. He turned the clock's hands back thirty years, to the summer of his twentieth year.

When he opened his eyes, he found himself in a village that was familiar yet seemed foreign after all these years. The streets were bustling, the houses had a different look, and he could sense youth and excitement in the air.

Étienne went to the village tavern, where he had spent many nights laughing and dreaming about the future with his childhood friends. He found them all there, as if they hadn't aged a day. The laughter and smiles were infectious, and Étienne felt young and carefree once again.

He spent the following weeks reliving his youth, exploring the mountains, going on hikes, and soaking up the energy of that bygone era. It was as if he had rediscovered a part of himself that he had lost as he grew older.

But time could not be stopped, even with a magical clock. The clock began to emit a melodious sound, indicating that the journey was coming to an end. Étienne knew that he had to return to his current time, with all the memories of his youth freshly etched in his mind.

The journey back was both sweet and melancholic. Étienne returned to his workshop, his aged face reflected in the mirror. He knew that the magic of the clock had given him a unique opportunity to revisit his past, but he now understood that time could not be altered, only lived.

Over the years, Étienne continued to use his magical clock to explore different eras and places. He had incredible adventures, met historical figures, and discovered forgotten cultures. Each journey enriched his soul and gave him a deeper understanding of the world and himself.

One day, while visiting the future, Étienne made a surprising discovery. He found himself in a distant time when clocks had lost their significance. People no longer measured time in the same way, and clocks were relegated to museums and curiosities.

Étienne realized that his own profession was threatened with extinction. The clocks he had created with so much passion and dedication had become relics of the past. It was a future he had not foreseen, and it deeply unsettled him.

He decided to return to his current time with a new mission in mind. He would use his talent to remind people of the beauty and value of the inexorably passing time. He would create even more magnificent clocks, clocks that told stories, evoked emotions, and encouraged people to appreciate every moment.

Étienne spent the rest of his life designing unique clocks, each with its own story to tell. His creations became prized works of art sought after by collectors from around the world. He had found a way to capture the magic of time in his clocks, a way to give people the opportunity to travel through time through their memories and dreams.

At the end of his life, Étienne knew that he had left behind a precious legacy. His magical clocks, now displayed in the world's greatest museums, continued to fascinate and inspire future generations. They reminded people that time was a precious treasure to be cherished, savored, and shared with loved ones.

The story of Étienne, the time traveler's clockmaker, became a legend in his village and far beyond. It reminded everyone that time was a precious resource that could not be stopped but could be appreciated and celebrated through the magical clocks that told the stories of our lives.

# Le Jardin des Rêves

Dans un petit village en Provence, il y avait une maison qui avait été laissée à l'abandon depuis de nombreuses années. La maison était entourée d'un jardin sauvage où poussaient des fleurs, des arbres fruitiers et des buissons épineux. Les villageois disaient que la maison était hantée et évitaient le jardin comme la peste.

Pourtant, un jour, une jeune fille nommée Amélie décida d'explorer le jardin. Elle était une rêveuse, une âme curieuse qui croyait que même les endroits oubliés avaient des histoires à raconter. Avec un petit panier à la main, elle franchit la vieille porte en bois qui grinçait.

À sa grande surprise, le jardin n'était pas sombre et lugubre, comme les villageois le prétendaient. Au contraire, il était vibrant de couleurs et débordant de vie. Les fleurs dansaient sous le doux souffle du vent, les oiseaux chantaient des mélodies enchanteresses, et les arbres semblaient murmurer des secrets anciens.

Amélie se promena dans le jardin pendant des heures, découvrant des coins cachés et des recoins mystérieux. Elle cueillit des fleurs aux couleurs éclatantes et savoura les fruits juteux des arbres. Elle ne rencontra ni fantômes ni esprits malveillants, seulement la beauté tranquille de la nature.

Au cœur du jardin, Amélie découvrit une vieille fontaine en pierre, recouverte de mousse et de lierre. Elle s'agenouilla près de la fontaine et observa l'eau cristalline qui s'écoulait doucement. Soudain, elle entendit une voix douce qui semblait provenir de la fontaine.

La voix lui parla des rêves oubliés et des souhaits non réalisés. Elle lui dit que ce jardin était un lieu magique où les rêves prenaient vie. Amélie pouvait sentir l'énergie du jardin l'entourer, comme si chaque fleur et chaque brin d'herbe étaient imprégnés de la magie des rêves.

Intriguée, Amélie décida de faire un vœu. Elle ferma les yeux, prit une profonde inspiration, et murmura son souhait à la fontaine. Quand elle ouvrit les yeux, elle fut éblouie par une lumière dorée qui s'éleva de la fontaine et se transforma en une étrange créature lumineuse.

La créature était une fée, une gardienne du jardin des rêves. Elle avait des ailes étincelantes et des yeux pétillants de malice. Elle sourit à Amélie et lui dit qu'elle avait le pouvoir de réaliser un de ses rêves.

Amélie hésita un instant, puis elle confia son rêve le plus cher à la fée. Elle rêvait de devenir une artiste, de peindre des toiles qui exprimeraient la beauté et la magie qu'elle avait trouvées dans le jardin.

La fée lui accorda son vœu en touchant délicatement son cœur. Amélie sentit une énergie nouvelle jaillir en elle, une créativité débordante qui la remplit d'inspiration. Elle se leva de la fontaine, remercia la fée, et courut chez elle pour commencer à peindre.

Les jours et les nuits passèrent, et Amélie créa des toiles magnifiques qui capturaient la splendeur du jardin des rêves. Ses œuvres étaient emplies de couleurs vives et de détails enchanteurs. Les villageois furent émerveillés par son talent, et bientôt, ses tableaux devinrent célèbres bien au-delà du village.

Pendant des années, Amélie peignit le jardin, immortalisant sa beauté sur toile. Elle partagea les histoires de la fontaine magique et de la fée qui avait exaucé son vœu. Le jardin des rêves devint un lieu de pèlerinage pour les artistes en herbe et les rêveurs du monde entier.

Amélie vécut une vie remplie de créativité et de bonheur. Elle savait que le jardin lui avait offert bien plus qu'une carrière artistique. Il lui avait rappelé que la magie des rêves était toujours présente, à portée de main pour ceux qui oseraient croire.

Et lorsque la fin de sa vie approcha, Amélie retourna une dernière fois dans le jardin des rêves. Elle remercia la fontaine et la fée pour tout ce qu'elles lui avaient donné. Elle ferma les yeux et s'endormit paisiblement dans le jardin, entourée de la beauté et de la magie qui avaient rempli sa vie.

Le jardin des rêves continua d'inspirer les générations futures, rappelant à tous que même les endroits oubliés pouvaient abriter des trésors cachés. C'était une oasis de rêves et d'inspiration, un lieu où les souhaits devenaient réalité pour ceux qui avaient le courage de croire.

# The Garden of Dreams

In a small village in Provence, there was a house that had been abandoned for many years. The house was surrounded by a wild garden where flowers, fruit trees, and thorny bushes grew. Villagers claimed that the house was haunted and avoided the garden like the plague.

However, one day, a young girl named Amélie decided to explore the garden. She was a dreamer, a curious soul who believed that even forgotten places had stories to tell. With a small basket in hand, she ventured through the old creaky wooden gate.

To her great surprise, the garden wasn't dark and gloomy, as the villagers claimed. On the contrary, it was vibrant with colors and bursting with life. The flowers danced in the gentle breeze, birds sang enchanting melodies, and the trees seemed to whisper ancient secrets.

Amélie wandered through the garden for hours, discovering hidden corners and mysterious nooks. She picked brightly colored flowers and savored the juicy fruits from the trees. She encountered neither ghosts nor malevolent spirits, only the tranquil beauty of nature.

At the heart of the garden, Amélie discovered an old stone fountain, covered in moss and ivy. She knelt beside the fountain and observed the crystal-clear water that flowed gently.

Suddenly, she heard a soft voice that seemed to emanate from the fountain.

The voice spoke to her about forgotten dreams and unfulfilled wishes. It told her that this garden was a magical place where dreams came to life. Amélie could feel the garden's energy enveloping her, as if every flower and blade of grass was infused with the magic of dreams.

Intrigued, Amélie decided to make a wish. She closed her eyes, took a deep breath, and whispered her wish to the fountain. When she opened her eyes, she was dazzled by a golden light that rose from the fountain and transformed into a strange luminous creature.

The creature was a fairy, a guardian of the garden of dreams. It had sparkling wings and mischievous eyes. It smiled at Amélie and told her that it had the power to grant one of her dreams.

Amélie hesitated for a moment, then entrusted her dearest dream to the fairy. She dreamt of becoming an artist, of painting canvases that would express the beauty and magic she had found in the garden.

The fairy granted her wish by gently touching her heart. Amélie felt a new energy welling up inside her, a boundless creativity that filled her with inspiration. She rose from the fountain, thanked the fairy, and hurried home to start painting.

Days and nights passed, and Amélie created beautiful paintings that captured the splendor of the garden of dreams. Her works were filled with vivid colors and enchanting details. Villagers were amazed by her talent, and soon her paintings became famous far beyond the village.

For years, Amélie painted the garden, immortalizing its beauty on canvas. She shared the stories of the magical fountain and the fairy who had granted her wish. The garden of dreams became a pilgrimage site for aspiring artists and dreamers from around the world.

Amélie lived a life filled with creativity and happiness. She knew that the garden had given her more than just an artistic career. It had reminded her that the magic of dreams was always present, within reach for those who dared to believe.

And as the end of her life approached, Amélie returned to the garden of dreams one last time. She thanked the fountain and the fairy for everything they had given her. She closed her eyes and peacefully fell asleep in the garden, surrounded by the beauty and magic that had filled her life.

The garden of dreams continued to inspire future generations, reminding everyone that even forgotten places could hide hidden treasures. It was an oasis of dreams and inspiration, a place where wishes came true for those who had the courage to believe.

# Le Lutin des Étoiles

---

Au cœur d'une forêt enchantée, cachée sous un ciel constellé, vivait un lutin nommé Léo. Léo était un être tout petit, à peine plus grand qu'une feuille d'automne, mais il était doté d'une magie extraordinaire. Son pouvoir résidait dans les étoiles.

Chaque nuit, Léo sortait de sa cachette pour observer le ciel étoilé. Il connaissait chaque étoile par son nom et chaque constellation par son histoire. Mais ce qui le fascinait le plus, c'était la plus brillante et la plus mystérieuse de toutes : l'Étoile d'Argent.

L'Étoile d'Argent était le joyau du ciel, la plus lumineuse de toutes les étoiles. Les légendes racontaient qu'elle avait le pouvoir de réaliser les vœux les plus chers de ceux qui la trouvaient. Mais elle n'apparaissait que très rarement, et personne ne savait quand ni où elle brillerait.

Léo rêvait depuis toujours de rencontrer l'Étoile d'Argent et de lui demander un vœu. Il croyait que ce vœu pourrait changer sa vie et celle de sa forêt enchantée. Chaque nuit, il scrutait le ciel, espérant apercevoir son éclat argenté.

Un soir d'été, alors que les étoiles scintillaient comme des diamants dans le ciel, Léo leva les yeux vers la voûte céleste. Et là, à sa grande stupeur, l'Étoile d'Argent apparut, plus brillante que jamais.

Léo n'hésita pas une seconde. Il prit son courage à deux mains et se mit en route pour atteindre l'Étoile. Il escalada des branches d'arbres gigantesques, traversa des rivières étincelantes, et surmonta des obstacles qui auraient découragé n'importe qui d'autre.

Après une longue aventure, Léo arriva finalement à l'endroit où l'Étoile d'Argent semblait être la plus proche. Il se retrouva dans une clairière baignée de lumière argentée, entourée de fleurs lumineuses qui s'ouvraient pour lui souhaiter la bienvenue.

Là, au centre de la clairière, se trouvait l'Étoile d'Argent, flottant dans l'air comme une perle brillante. Elle avait une voix douce comme le vent d'été et des yeux qui brillaient comme les étoiles elles-mêmes.

Léo s'approcha timidement et demanda son vœu à l'Étoile. Il souhaitait que sa forêt enchantée soit protégée pour toujours, que les arbres soient toujours verts, et que les rivières coulent claires. Il voulait que sa maison soit un lieu de paix et d'amour pour tous les êtres magiques qui y vivaient.

L'Étoile d'Argent écouta attentivement et sourit. Elle exauça le vœu de Léo avec une pluie d'étoiles scintillantes qui tomba doucement sur la forêt enchantée. Les arbres devinrent encore plus majestueux, les fleurs plus éclatantes, et les rivières plus claires que jamais.

Léo rentra chez lui, le cœur léger, sachant que son vœu avait été exaucé. Il raconta à tous les habitants de la forêt l'histoire de son voyage jusqu'à l'Étoile d'Argent et de son vœu qui avait changé la forêt à jamais.

Désormais, chaque nuit, les habitants de la forêt regardaient le ciel, cherchant l'Étoile d'Argent. Ils savaient qu'elle veillait sur eux, prête à exaucer les vœux des rêveurs courageux.

Léo était devenu une légende dans la forêt enchantée, le lutin qui avait rencontré l'Étoile d'Argent. Mais pour lui, le plus grand trésor était la magie de son chez-soi, une magie qui avait été rendue possible grâce à la lumière étincelante de l'Étoile d'Argent.

# The Star Sprite

In the heart of an enchanted forest, hidden beneath a starry sky, lived a sprite named Leo. Leo was a tiny being, barely taller than an autumn leaf, but he possessed extraordinary magic. His power lay within the stars.

Every night, Leo would venture out from his hiding place to gaze upon the starry sky. He knew every star by name and every constellation by its story. But what fascinated him the most was the brightest and most mysterious of them all: the Silver Star.

The Silver Star was the jewel of the sky, the brightest of all the stars. Legends told that it had the power to grant the dearest wishes of those who found it. However, it appeared very rarely, and no one knew when or where it would shine.

Leo had dreamt for as long as he could remember of meeting the Silver Star and making a wish upon it. He believed that this wish could change his life and that of his enchanted forest. Every night, he scanned the sky, hoping to catch a glimpse of its silvery glow.

One summer evening, as the stars sparkled like diamonds in the sky, Leo looked up to the celestial vault. To his astonishment, the Silver Star appeared, brighter than ever.

Without hesitation, Leo summoned all his courage and set out to reach the Star. He climbed colossal tree branches, crossed shimmering rivers, and overcame obstacles that would have discouraged anyone else.

After a long adventure, Leo finally arrived at the place where the Silver Star seemed closest. He found himself in a sunlit clearing, surrounded by luminous flowers that opened to welcome him.

In the center of the clearing, there floated the Silver Star, suspended in the air like a radiant pearl. It had a voice as gentle as a summer breeze and eyes that sparkled like the stars themselves.

Leo approached timidly and made his wish to the Star. He wished for his enchanted forest to be protected forever, for the trees to stay evergreen, and for the rivers to run clear. He wanted his home to be a place of peace and love for all the magical beings who lived there.

The Silver Star listened attentively and smiled. It granted Leo's wish with a shower of sparkling stars that gently fell upon the enchanted forest. The trees became even more majestic, the flowers more vibrant, and the rivers clearer than ever.

Leo returned home with a light heart, knowing that his wish had been granted. He shared the story of his journey to the Silver Star and the wish that had changed the forest forever with all the forest's inhabitants.

From then on, every night, the forest's inhabitants gazed at the sky, seeking the Silver Star. They knew it watched over them, ready to grant the wishes of courageous dreamers.

Leo had become a legend in the enchanted forest, the sprite who had met the Silver Star. But to him, the greatest treasure was the magic of his home, a magic made possible by the Silver Star's shimmering light.

# Le Jardin des Mélodies

Au cœur d'un petit village niché au pied des montagnes, vivait une jeune fille nommée Léa. Léa était une musicienne talentueuse avec une passion pour les mélodies. Sa voix était douce comme un ruisseau, et elle jouait de nombreux instruments de musique.

Pourtant, Léa avait un rêve secret. Elle rêvait de créer une mélodie magique, une mélodie qui apporterait la paix et la joie à tous ceux qui l'entendraient. Elle passait des heures à composer des chansons, mais aucune d'entre elles ne semblait avoir ce pouvoir spécial.

Un jour, alors qu'elle se promenait dans la forêt qui entourait le village, Léa entendit un doux murmure. Elle suivit le son et découvrit une porte en bois sculpté cachée derrière les arbres. La porte semblait vieille et mystérieuse, comme si elle avait été là depuis des siècles.

Curieuse, Léa ouvrit la porte et fut transportée dans un jardin enchanté. Le jardin était rempli de fleurs aux couleurs éclatantes, et les arbres semblaient chanter doucement. Léa pouvait sentir une énergie magique dans l'air, comme si le jardin était vivant.

Au centre du jardin, elle découvrit un arbre majestueux avec des feuilles argentées. C'était l'Arbre des Mélodies, légendaire dans le monde de la musique. Chaque feuille de l'arbre était une note de musique, et chaque brise qui soufflait à travers ses branches créait une mélodie unique.

Léa s'approcha de l'Arbre des Mélodies, et il sembla reconnaître son désir sincère de créer une mélodie magique. Les feuilles se mirent à briller, et l'arbre commença à jouer une mélodie enchanteresse. Léa était émerveillée par la beauté de la musique qui remplissait le jardin.

L'Arbre des Mélodies lui parla alors, lui disant qu'elle avait été choisie pour composer une mélodie spéciale. Il lui raconta comment cette mélodie pourrait apporter la paix et la joie au monde, guérir les cœurs brisés et inspirer l'espoir.

Léa accepta la mission avec gratitude. Elle s'assit sous l'arbre, prit son violon et commença à jouer. Les notes qu'elle jouait semblaient fusionner avec celles de l'arbre, créant une mélodie magique qui emplissait le jardin d'une lumière éblouissante.

Elle passa des jours et des nuits à composer, chaque note étant inspirée par la nature et les étoiles qui brillaient dans le ciel nocturne. Peu à peu, la mélodie prit forme, devenant de plus en plus puissante et émouvante.

Quand elle eut terminé, Léa joua la mélodie devant l'Arbre des Mélodies. L'arbre sembla approuver sa création en illuminant ses feuilles d'une lumière encore plus brillante. La mélodie se répandit dans tout le jardin, puis au-delà, touchant le cœur de tous ceux qui l'entendaient.

Bientôt, les gens du village commencèrent à se rendre dans le jardin pour écouter la mélodie magique de Léa. Ils ressentaient la paix et la joie que la musique apportait à leur âme. Certains disaient même que leurs peines avaient disparu après avoir écouté la mélodie.

La nouvelle se répandit rapidement, et bientôt, des gens de partout vinrent pour entendre la mélodie de Léa. Les voyageurs venaient de loin, et la réputation du jardin enchanté se répandit bien au-delà du village.

Léa avait réalisé son rêve de créer une mélodie magique, une mélodie qui apportait le bonheur et l'espoir à tous ceux qui l'écoutaient. Elle avait découvert le jardin des mélodies, un endroit où la musique était le langage de l'âme, où les rêves prenaient vie à travers les notes.

Elle vécut une vie heureuse et épanouissante, partageant sa musique avec le monde et apportant la magie de l'Arbre des Mélodies à tous ceux qui en avaient besoin. Le jardin enchanté était devenu un lieu de guérison et d'inspiration, un endroit où les mélodies étaient plus qu'un simple son, où elles étaient une source de lumière et d'amour.

# The Garden of Melodies

In the heart of a small village nestled at the foot of the mountains lived a young girl named Léa. Léa was a talented musician with a passion for melodies. Her voice was as soft as a stream, and she played many musical instruments.

Yet, Léa had a secret dream. She dreamed of creating a magical melody, a melody that would bring peace and joy to all who heard it. She spent hours composing songs, but none of them seemed to possess that special power.

One day, while wandering in the forest that surrounded the village, Léa heard a gentle murmur. She followed the sound and discovered a carved wooden door hidden among the trees. The door looked old and mysterious, as if it had been there for centuries.

Curious, Léa opened the door and found herself transported into an enchanted garden. The garden was filled with flowers in vibrant colors, and the trees seemed to sing softly. Léa could feel a magical energy in the air, as if the garden itself was alive.

At the center of the garden, she discovered a majestic tree with silver leaves. It was the Tree of Melodies, legendary in the world of music. Each leaf of the tree was a musical note, and every breeze that passed through its branches created a unique melody.

Léa approached the Tree of Melodies, and it seemed to recognize her sincere desire to create a magical melody. The leaves began to glow, and the tree started to play an enchanting melody. Léa was mesmerized by the beauty of the music that filled the garden.

The Tree of Melodies then spoke to her, telling her that she had been chosen to compose a special melody. It recounted how this melody could bring peace and joy to the world, heal broken hearts, and inspire hope.

Gratefully, Léa accepted the mission. She sat beneath the tree, took her violin, and began to play. The notes she played seemed to merge with those of the tree, creating a magical melody that filled the garden with dazzling light.

She spent days and nights composing, each note inspired by nature and the stars that shone in the night sky. Gradually, the melody took shape, becoming more powerful and moving.

When she had finished, Léa played the melody before the Tree of Melodies. The tree seemed to approve of her creation by illuminating its leaves even brighter. The melody spread throughout the garden and beyond, touching the hearts of all who heard it.

Soon, the villagers began to visit the garden to listen to Léa's magical melody. They felt the peace and joy the music brought to their souls. Some even claimed that their sorrows vanished after listening to the melody.

The news spread quickly, and soon people from all over came to hear Léa's melody. Travelers came from afar, and the reputation of the enchanted garden spread well beyond the village.

Léa had realized her dream of creating a magical melody, a melody that brought happiness and hope to all who listened. She had discovered the Garden of Melodies, a place where music was the language of the soul, where dreams came to life through the notes.

She lived a happy and fulfilling life, sharing her music with the world and bringing the magic of the Tree of Melodies to those in need. The enchanted garden had become a place of healing and inspiration, where melodies were more than just sound, where they were a source of light and love.

# Les Mystères du Café Papyrus

Dans la petite ville de Sainte-Agnès, au cœur de la campagne française, se trouvait un café charmant et hors du commun appelé "Le Café Papyrus". Le nom en disait long sur le lieu, car c'était bien plus qu'un simple café.

Le propriétaire du Café Papyrus, Monsieur Édouard Dubois, était un homme affable avec une passion pour les livres anciens. Le café était décoré de manière pittoresque, avec des étagères remplies de vieux manuscrits, de parchemins et de livres rares. Les clients venaient autant pour l'ambiance chaleureuse que pour le café délicieux.

Chaque jour, Édouard ouvrait les portes de son café et accueillait une clientèle variée, allant des étudiants en quête d'inspiration aux érudits en quête de connaissances. Mais le Café Papyrus était également le lieu de rassemblement préféré des amateurs de mystères.

Édouard avait un penchant pour les énigmes et les mystères littéraires. Il organisait régulièrement des soirées "Mystère et Café", au cours desquelles les clients se réunissaient pour résoudre des énigmes tirées de vieux manuscrits. Ces soirées étaient devenues une tradition appréciée de la ville.

Un jour, un client régulier nommé Sophie, une jeune bibliothécaire passionnée par les livres anciens, découvrit un manuscrit particulièrement énigmatique dans la bibliothèque du

Café Papyrus. Le manuscrit semblait contenir des indices mystérieux menant à un trésor caché depuis des siècles.

Sophie en parla à Édouard, et tous deux décidèrent de partager leur découverte avec les habitués du café. Le Café Papyrus devint alors le quartier général d'une quête passionnante pour résoudre le mystère du manuscrit.

Chaque soir, les clients se rassemblaient pour étudier le manuscrit, déchiffrer les indices et rechercher des indices dans la vieille ville de Sainte-Agnès. Ils se lancèrent dans une aventure palpitante, découvrant des passages secrets, des messages codés et des énigmes qui défiaient l'imagination.

Au fur et à mesure que le mystère se dévoilait, les liens entre les clients du Café Papyrus se renforçaient. Ils étaient devenus une équipe soudée, unis par leur passion pour les mystères et leur désir de résoudre l'énigme du trésor.

Finalement, après de nombreuses semaines d'efforts acharnés, l'équipe du Café Papyrus résolut le mystère du manuscrit. Ils découvrirent un trésor caché dans une vieille cave de la ville, composé de pièces anciennes, de bijoux et de manuscrits encore plus précieux.

Le trésor fut exposé au Café Papyrus, devenant une attraction prisée pour les visiteurs de la ville. Mais le véritable trésor était l'amitié et la camaraderie qui s'étaient développées entre les clients du café. Ils continuaient à se réunir pour résoudre d'autres énigmes et partager leur amour des mystères.

Le Café Papyrus était devenu bien plus qu'un simple café. C'était un lieu où les mystères de la littérature et de l'amitié se mêlaient pour créer une expérience unique et inoubliable.

55

# The Mysteries of Café Papyrus

In the small town of Sainte-Agnès, nestled in the heart of the French countryside, there was a charming and extraordinary café called "Café Papyrus." The name said a lot about the place, as it was much more than just a café.

The owner of Café Papyrus, Monsieur Édouard Dubois, was an amiable man with a passion for antique books. The café was quaintly decorated, with shelves filled with old manuscripts, parchments, and rare books. Customers came as much for the cozy ambiance as for the delicious coffee.

Every day, Édouard opened the doors of his café and welcomed a diverse clientele, ranging from students seeking inspiration to scholars in search of knowledge. But Café Papyrus was also the favored gathering place for mystery enthusiasts.

Édouard had a penchant for puzzles and literary mysteries. He regularly organized "Mystery and Coffee" evenings during which patrons gathered to solve riddles from ancient manuscripts. These evenings had become a beloved tradition in the town.

One day, a regular customer named Sophie, a young librarian passionate about antique books, stumbled upon a particularly enigmatic manuscript in the Café Papyrus library. The manuscript seemed to contain mysterious clues leading to a treasure hidden for centuries.

Sophie shared her discovery with Édouard, and the two decided to share their finding with the café's regulars. Café Papyrus then became the headquarters for an exciting quest to unravel the mystery of the manuscript.

Every evening, patrons gathered to study the manuscript, decipher the clues, and search for hints in the old town of Sainte-Agnès. They embarked on a thrilling adventure, uncovering secret passages, coded messages, and puzzles that challenged the imagination.

As the mystery unraveled, the bonds between Café Papyrus patrons grew stronger. They had become a tight-knit team, united by their passion for mysteries and their determination to solve the treasure's enigma.

After many weeks of relentless effort, the Café Papyrus team solved the mystery of the manuscript. They discovered a hidden treasure in an old cellar in town, consisting of ancient coins, jewelry, and even more precious manuscripts.

The treasure was displayed at Café Papyrus, becoming a cherished attraction for town visitors. However, the true treasure was the friendship and camaraderie that had developed among the café's patrons. They continued to gather, solving more puzzles and sharing their love for mysteries.

Café Papyrus had become much more than just a café. It was a place where the mysteries of literature and friendship intertwined to create a unique and unforgettable experience.

# L'Éclat du Théâtre Étoilé

Au cœur de la ville de Luneville, niché parmi les rues pavées et les bâtiments historiques, se trouvait un théâtre tout à fait spécial. Il s'appelait "Le Théâtre Étoilé", nommé ainsi en raison de son plafond orné de milliers de petites lumières scintillantes qui ressemblaient à des étoiles.

Le Théâtre Étoilé était bien plus qu'un simple lieu de représentation. C'était un endroit où les rêves prenaient vie, où les histoires étaient racontées avec passion, et où le talent artistique trouvait son apogée. Le directeur du théâtre, Monsieur Marcel, était un homme passionné par les arts de la scène. Il croyait que chaque personne avait une histoire à raconter et un rôle à jouer sur scène.

Chaque soir, le Théâtre Étoilé accueillait des acteurs, des danseurs, des musiciens et des artistes de toutes sortes. Les spectacles étaient variés, allant de pièces classiques à des comédies musicales modernes. Mais ce qui faisait briller le théâtre était son atmosphère magique, créée par les lumières étincelantes qui recouvraient le plafond.

Parmi les artistes du Théâtre Étoilé, il y avait une jeune comédienne passionnée nommée Eléna. Elle avait toujours rêvé de briller sur cette scène depuis son plus jeune âge. Ses yeux pétillaient de l'excitation chaque fois qu'elle montait sur la scène.

Un jour, Monsieur Marcel annonça une pièce de théâtre spéciale pour célébrer le centenaire du Théâtre Étoilé. Il voulait que cette pièce soit la plus mémorable de toutes, une production qui capturerait l'essence même du théâtre.

Eléna auditionna pour le rôle principal avec ferveur, espérant que ce serait sa chance de briller sous le ciel étoilé du théâtre. Quand elle décrocha le rôle, elle ne pouvait contenir sa joie. Elle se plongea dans son personnage avec dévouement, répétant ses lignes et travaillant avec ses camarades de scène jour et nuit.

La nuit de la première représentation arriva, et le Théâtre Étoilé était rempli d'attente. Le rideau se leva, révélant Eléna dans toute sa splendeur, sous le plafond étincelant d'étoiles. Sa performance fut magique, chaque mot, chaque geste emplis de passion et d'émotion.

Le public fut transporté dans un monde de rêve, emporté par l'histoire et les talents des acteurs. Les applaudissements éclatèrent comme un tonnerre, et les étoiles au plafond semblaient briller encore plus intensément.

La pièce fut un succès retentissant, et le Théâtre Étoilé fut plus vivant que jamais. Chaque soir, les spectacles continuaient à émerveiller le public, et Eléna brilla sur scène dans de nombreux rôles.

Le Théâtre Étoilé était devenu un lieu emblématique de Luneville, un endroit où l'art, la passion et les rêves se rencontraient sous le ciel étoilé. Il continuait à inspirer les générations d'artistes à raconter leurs histoires et à briller comme des étoiles dans la nuit.

# The Radiance of the Starlit Theater

In the heart of the town of Luneville, nestled among cobblestone streets and historic buildings, there was a truly special theater. It was called "The Starlit Theater," named so because of its ceiling adorned with thousands of small twinkling lights that resembled stars.

The Starlit Theater was much more than a mere performance venue. It was a place where dreams came to life, where stories were told with passion, and where artistic talent reached its zenith. The theater's director, Mr. Marcel, was a man passionate about the performing arts. He believed that every person had a story to tell and a role to play on stage.

Every evening, The Starlit Theater welcomed actors, dancers, musicians, and artists of all kinds. The shows were diverse, ranging from classical plays to modern musicals. But what made the theater shine was its magical atmosphere, created by the sparkling lights that covered the ceiling.

Among the artists of The Starlit Theater, there was a young and passionate actress named Elena. She had always dreamed of shining on that stage since she was a child. Her eyes sparkled with excitement every time she stepped onto the stage.

One day, Mr. Marcel announced a special play to celebrate the centenary of The Starlit Theater. He wanted this play to be the most memorable of all, a production that would capture the very essence of theater.

Elena auditioned for the lead role with fervor, hoping that this would be her chance to shine under the starry sky of the theater. When she landed the role, she couldn't contain her joy. She immersed herself in her character with dedication, rehearsing her lines and working with her fellow cast members day and night.

The night of the premiere arrived, and The Starlit Theater was filled with anticipation. The curtain rose, revealing Elena in all her splendor, beneath the starry ceiling. Her performance was magical, every word, every gesture filled with passion and emotion.

The audience was transported into a dream world, carried away by the story and the talents of the actors. Applause erupted like thunder, and the stars on the ceiling seemed to shine even more brightly.

The play was a resounding success, and The Starlit Theater was more alive than ever. Every evening, the shows continued to awe the audience, and Elena shone on stage in many roles.

The Starlit Theater had become an iconic place in Luneville, a venue where art, passion, and dreams converged beneath the starry sky. It continued to inspire generations of artists to tell their stories and shine like stars in the night.

# Le Voyage de l'Horloge Magique

Dans un petit village perché au sommet d'une colline, il y avait une horloge pas comme les autres. Elle était connue sous le nom de "L'Horloge Magique" et était située au centre de la place principale. Les habitants du village disaient que cette horloge avait le pouvoir de réaliser les rêves les plus profonds de ceux qui osaient l'activer.

Chaque jour, des gens venaient de tous les coins du village pour regarder l'horloge, avec l'espoir qu'elle rendrait leurs rêves réalité. Cependant, personne ne savait vraiment comment cela fonctionnait.

Un jour, un jeune garçon nommé Louis décida de découvrir le secret de l'Horloge Magique. Il était curieux et rêvait depuis longtemps de devenir un explorateur intrépide, de parcourir des terres lointaines et de découvrir des trésors cachés. Il était convaincu que l'Horloge Magique pouvait l'aider à réaliser son rêve.

Louis s'approcha de l'horloge avec détermination. Il tourna les aiguilles de l'horloge dans le sens contraire des aiguilles d'une montre, comme l'avaient fait ceux avant lui. Soudain, l'horloge s'illumina d'une lueur dorée, et une petite porte apparut au pied de l'horloge.

Intrigué, Louis ouvrit la porte et fut ébloui par une lumière étincelante. Il se trouvait maintenant dans un endroit complètement différent, loin de son village. Il avait réalisé son rêve de devenir un explorateur.

Le monde devant lui était vaste et mystérieux. Il découvrit des jungles luxuriantes, des déserts arides et des montagnes majestueuses. Chaque étape de son voyage était remplie de défis et d'aventures, mais Louis était déterminé à continuer.

Au fil des ans, il devint un explorateur renommé, découvrant des trésors cachés, cartographiant des terres inconnues et rencontrant des cultures exotiques. Il avait réalisé son rêve de devenir un explorateur intrépide, tout cela grâce à l'Horloge Magique.

Cependant, Louis commença à ressentir un vide en lui. Malgré toutes ses aventures, il avait le sentiment qu'il lui manquait quelque chose d'essentiel. Il décida de retourner à son village d'origine.

Louis retourna à la place principale de son village, là où l'Horloge Magique l'avait transporté des années auparavant. Il était un homme différent, enrichi par ses voyages, mais nostalgique de sa vie passée.

Là, il découvrit que l'Horloge Magique n'était plus là. À sa place, se tenait un arbre majestueux, avec des branches chargées de fruits dorés. Les habitants du village lui expliquèrent que l'arbre était apparu le jour où il avait activé l'horloge, transformant le village en un endroit prospère et heureux.

Louis comprit que l'Horloge Magique avait réalisé son rêve d'explorer le monde, mais il avait aussi apporté le bonheur à son village. Il avait découvert que le vrai trésor était le lien avec sa communauté et la joie de partager ses aventures avec ses amis et sa famille.

Il décida de rester dans son village et de vivre une vie épanouissante en continuant à explorer le monde, mais cette fois-ci avec les gens qu'il aimait. Louis avait trouvé l'équilibre parfait entre ses rêves et sa réalité, grâce à l'Horloge Magique.

# The Journey of the Magic Clock

In a small village perched atop a hill, there was a clock like no other. It was known as the "Magic Clock" and stood in the center of the main square. The villagers believed that this clock had the power to make the deepest dreams of those who dared to activate it come true.

Every day, people from all corners of the village would come to gaze at the clock, hoping it would make their dreams a reality. However, no one truly knew how it worked.

One day, a young boy named Louis decided to uncover the secret of the Magic Clock. He was curious and had long dreamed of becoming a fearless explorer, traveling to distant lands and discovering hidden treasures. He was convinced that the Magic Clock could help him achieve his dream.

Louis approached the clock with determination. He turned the clock's hands counterclockwise, just as those before him had done. Suddenly, the clock lit up with a golden glow, and a small door appeared at the base of the clock.

Intrigued, Louis opened the door and was dazzled by a sparkling light. He now stood in a completely different place, far from his village. He had realized his dream of becoming an explorer.

The world before him was vast and mysterious. He encountered lush jungles, arid deserts, and majestic mountains. Every step of his journey was filled with challenges and adventures, but Louis was determined to press on.

Over the years, he became a renowned explorer, uncovering hidden treasures, mapping uncharted lands, and encountering exotic cultures. He had fulfilled his dream of becoming a fearless explorer, all thanks to the Magic Clock.

However, Louis began to feel an emptiness within him. Despite all his adventures, he felt that something essential was missing. He decided to return to his original village.

Louis returned to the main square of his village, where the Magic Clock had transported him years ago. He was a different man, enriched by his travels but nostalgic for his past life.

There, he discovered that the Magic Clock was no longer there. In its place stood a majestic tree, with branches laden with golden fruits. The villagers explained to him that the tree had appeared on the day he activated the clock, transforming the village into a prosperous and happy place.

Louis understood that the Magic Clock had fulfilled his dream of exploring the world, but it had also brought happiness to his village. He realized that the true treasure was the connection to his community and the joy of sharing his adventures with friends and family.

He decided to stay in his village and lead a fulfilling life by continuing to explore the world, but this time with the people he loved. Louis had found the perfect balance between his dreams and reality, all thanks to the Magic Clock.

# Les Secrets de la Librairie

———

Au cœur de Paris, cachée dans une ruelle étroite, se trouvait une petite librairie nommée "Les Mots Mystérieux". Cette librairie était unique en son genre, car elle ne vendait que des livres anciens et rares. Son propriétaire, Monsieur Lefebvre, était un homme passionné par les mots et les histoires qui se cachaient derrière chaque page.

Un jour, alors qu'il parcourait les étagères poussiéreuses de sa librairie, Monsieur Lefebvre découvrit un livre ancien qui avait été caché derrière d'autres ouvrages pendant des années. Le livre n'était pas particulièrement vieux, mais il dégageait une aura de mystère qui attira l'attention de Monsieur Lefebvre.

Il décida de l'ouvrir et de le feuilleter. À l'intérieur, il trouva des pages remplies de mots soigneusement écrits à la main. Il s'agissait d'un journal intime, apparemment rédigé par un écrivain inconnu. Monsieur Lefebvre commença à lire les mots, plongeant dans l'histoire captivante qui se dévoilait.

Le journal intime racontait l'histoire d'un écrivain solitaire qui avait vécu au XIXe siècle. Il avait choisi de vivre dans une petite chambre située au-dessus de la librairie "Les Mots Mystérieux". Son nom était Henri, et il était passionné par les livres autant que Monsieur Lefebvre lui-même.

Henri avait passé sa vie à écrire des histoires, mais il n'avait jamais réussi à faire publier son travail. Il se contentait de rédiger ses récits dans son journal intime, cachant ses mots à la vue du monde. La librairie était son refuge, un endroit où il pouvait se perdre dans les mots et les histoires des autres.

Au fil des pages, Monsieur Lefebvre découvrit que le journal contenait non seulement les pensées et les rêves d'Henri, mais aussi des indices sur un mystère qui semblait avoir hanté sa vie. Il mentionnait un livre rare et précieux, "Le Livre des Étoiles", qui aurait le pouvoir de réaliser les souhaits de celui qui le possédait.

Monsieur Lefebvre était intrigué par le mystère entourant "Le Livre des Étoiles". Il commença à fouiller la librairie à la recherche d'indices qui pourraient le conduire à ce trésor littéraire. Il découvrit des annotations dans le journal d'Henri, indiquant que le livre pourrait être caché quelque part dans la librairie elle-même.

Il passa des jours et des nuits à examiner chaque recoin de la librairie, déplaçant des piles de vieux livres, inspectant chaque étagère et sondant les profondeurs de la cave. Il était déterminé à résoudre le mystère et à trouver "Le Livre des Étoiles".

Pendant ce temps, il continua à lire le journal d'Henri, plongeant toujours plus profondément dans l'histoire de cet écrivain oublié. Il découvrit que la vie d'Henri avait été marquée par la solitude et le désir de reconnaissance pour son talent d'écrivain.

Alors que Monsieur Lefebvre cherchait désespérément le Livre des Étoiles, il commença à remarquer des énigmes disséminées dans la librairie. Des mots mystérieux étaient gravés sur les étagères, des indices subtils étaient cachés dans les pages des livres, et des énigmes énigmatiques étaient inscrites sur les murs.

Il se rendit compte que la librairie elle-même était un puzzle, conçu par Henri pour guider un chercheur persévérant vers le Livre des Étoiles. Chaque énigme résolue le rapprochait un peu plus de son objectif.

Monsieur Lefebvre passa des nuits blanches à résoudre les énigmes, utilisant son intelligence et sa passion pour les mots pour déchiffrer les indices laissés par Henri. Il se plongea dans les livres anciens, cherchant des informations sur l'histoire de la librairie et de son fondateur.

À mesure que Monsieur Lefebvre progressait dans la résolution des énigmes, il continuait à lire le journal d'Henri. Les mots de l'écrivain solitaire révélaient ses rêves les plus profonds. Il avait toujours espéré que ses mots puissent toucher le cœur des gens, que ses histoires puissent trouver un public qui les chérirait.

Henri avait écrit sur sa fascination pour les étoiles, sur la manière dont elles représentaient les rêves inaccessibles dans le ciel nocturne. Il croyait que "Le Livre des Étoiles" était la clé pour réaliser ces rêves, pour donner vie à ses mots et aux histoires qu'il avait créées.

Monsieur Lefebvre était ému par les rêves d'Henri, et il se promit de trouver le Livre des Étoiles non seulement pour résoudre le mystère, mais aussi pour honorer la mémoire de l'écrivain oublié.

Après des semaines de recherche acharnée, Monsieur Lefebvre finit par résoudre la dernière énigme qui le conduisit à une petite pièce secrète cachée dans la cave de la librairie. Là, il découvrit un vieux coffre en bois qui semblait être resté caché pendant des générations.

Il ouvrit le coffre avec précaution et y trouva un livre en cuir ancien avec des étoiles dorées sur la couverture. C'était "Le Livre des Étoiles". Monsieur Lefebvre sentit un frisson d'excitation en tenant le trésor littéraire entre ses mains.

Il retourna à la surface, le livre en main, et commença à le feuilleter. Les pages étaient remplies de sym

boles et de dessins mystérieux, accompagnés de textes qui semblaient être écrits dans une langue ancienne et inconnue.

Monsieur Lefebvre passa des jours et des nuits à étudier "Le Livre des Étoiles". Peu à peu, il commença à comprendre sa magie secrète. Le livre avait le pouvoir de donner vie aux mots, de transformer les histoires en réalité.

Il réalisa que "Le Livre des Étoiles" était le trésor que Henri avait recherché toute sa vie. Il avait été caché dans la librairie pour être trouvé par quelqu'un qui pouvait comprendre sa puissance.

Monsieur Lefebvre décida d'utiliser le livre avec précaution, pour réaliser les rêves de ceux qui cherchaient à travers les mots. Il commença à écrire des histoires inspirées par les souhaits de ses clients, et les mots prenaient vie sous sa plume.

La librairie "Les Mots Mystérieux" devint célèbre dans tout Paris. Les gens venaient de partout pour demander à Monsieur Lefebvre de réaliser leurs rêves à travers les mots. Les histoires prenaient vie d'une manière magique, transformant les désirs les plus profonds en réalité.

Monsieur Lefebvre réalisa les rêves de jeunes amoureux qui désiraient un mariage parfait, de musiciens aspirants qui souhaitaient jouer devant une audience enthousiaste, et même de voyageurs qui voulaient explorer des mondes lointains.

La librairie était devenue un endroit où les rêves prenaient vie, où les mots avaient le pouvoir de créer de nouvelles réalités. Monsieur Lefebvre savait qu'Henri aurait été fier de voir son rêve d'écrivain enfin réalisé.

# The Secrets of the Bookstore

In the heart of Paris, hidden in a narrow alley, was a small bookstore named "The Mysterious Words." This bookstore was unique in its kind, as it only sold old and rare books. Its owner, Monsieur Lefebvre, was a man passionate about words and the stories that hid behind each page.

One day, as he browsed the dusty shelves of his bookstore, Monsieur Lefebvre discovered an old book that had been hidden behind others for years. The book wasn't particularly old, but it exuded an aura of mystery that caught Monsieur Lefebvre's attention.

He decided to open it and flip through its pages. Inside, he found pages filled with words carefully handwritten. It was a diary, apparently written by an unknown writer. Monsieur Lefebvre began to read the words, immersing himself in the captivating story that unfolded.

The diary told the story of a solitary writer who lived in the 19th century. He had chosen to live in a small room above the "Mysterious Words" bookstore. His name was Henri, and he was as passionate about books as Monsieur Lefebvre himself.

Henri had spent his life writing stories, but he had never managed to get his work published. He settled for writing his tales in his diary, hiding his words from the world's view. The bookstore was his refuge, a place where he could lose himself in the words and stories of others.

As Monsieur Lefebvre turned the pages, he discovered that the diary contained not only Henri's thoughts and dreams but also clues to a mystery that seemed to have haunted his life. It mentioned a rare and precious book, "The Book of Stars," which was said to have the power to grant the wishes of whoever possessed it.

Monsieur Lefebvre was intrigued by the mystery surrounding "The Book of Stars." He began to search the bookstore for clues that could lead him to this literary treasure. He found annotations in Henri's diary, indicating that the book might be hidden somewhere within the bookstore itself.

He spent days and nights examining every nook of the bookstore, moving piles of old books, inspecting each shelf, and delving into the depths of the cellar. He was determined to solve the mystery and find "The Book of Stars."

In the meantime, he continued to read Henri's diary, delving deeper into the story of this forgotten writer. He learned that Henri's life had been marked by loneliness and the desire for recognition of his writing talent.

As Monsieur Lefebvre desperately searched for the Book of Stars, he began to notice enigmas scattered throughout the bookstore. Mysterious words were etched on the shelves, subtle clues were hidden within the pages of books, and enigmatic riddles were inscribed on the walls.

He realized that the bookstore itself was a puzzle, designed by Henri to guide a persistent seeker toward the Book of Stars. Each solved enigma brought him closer to his goal.

Monsieur Lefebvre spent sleepless nights deciphering the enigmas, using his intelligence and his passion for words to unravel the clues left by Henri. He immersed himself in old books, seeking information about the history of the bookstore and its founder.

As Monsieur Lefebvre made progress in solving the enigmas, he continued to read Henri's diary. The words of the solitary writer revealed his deepest dreams. He had always hoped that his words could touch people's hearts, that his stories could find an audience that would cherish them.

Henri wrote about his fascination with the stars, about how they represented unattainable dreams in the night sky. He believed that "The Book of Stars" was the key to realizing these dreams, to giving life to his words and the stories he had created.

Monsieur Lefebvre was moved by Henri's dreams, and he vowed to find the Book of Stars not only to solve the mystery but also to honor the memory of the forgotten writer.

After weeks of relentless searching, Monsieur Lefebvre finally solved the last enigma that led him to a small secret room hidden in the bookstore's cellar. There, he discovered an old wooden chest that seemed to have been hidden for generations.

He carefully opened the chest and found an ancient leather-bound book with golden stars on the cover. It was "The

Book of Stars." Monsieur Lefebvre felt a thrill of excitement as he held the literary treasure in his hands.

He returned to the surface, the book in his hand, and began to flip through its pages. The pages were filled with symbols and mysterious drawings, accompanied by text that seemed to be written in an ancient and unknown language.

Monsieur Lefebvre spent days and nights studying "The Book of Stars." Gradually, he began to understand its secret magic. The book had the power to bring words to life, to transform stories into reality.

He realized that "The Book of Stars" was the treasure Henri had sought all his life. It had been hidden in the bookstore to be found by someone who could understand its power.

Monsieur Lefebvre decided to use the book carefully, to fulfill the dreams of those who sought through words. He began to write stories inspired by his clients' wishes, and the words came to life under his pen.

"The Mysterious Words" bookstore became famous throughout Paris. People came from all over to ask Monsieur Lefebvre to fulfill their dreams through words. The stories came to life in a magical way, turning the deepest desires into reality.

Monsieur Lefebvre fulfilled the dreams of young lovers who wished for a perfect wedding, aspiring musicians who wanted to perform before an enthusiastic audience, and even travelers who wanted to explore distant worlds.

The bookstore had become a place where dreams came true, where words had the power to create new realities. Monsieur Lefebvre knew that Henri would have been proud to see his dream of being a writer finally realized.